Alfred Fouillée

La Pénalité
et
les collisions de droits

Essai

ISBN : 978-1984210630

10 9 8 7 6 5 4 3 2 1

Alfred Fouillée

La Pénalité
et
les collisions de droits

Essai

Table de Matières

Introduction

« Large est le cerveau, étroit est le monde, dit Schiller dans *Wallenstein* ; les pensées n'ont pas de peine à subsister les unes à côté des autres, mais les choses s'entre-choquent durement dans l'espace ; partout où une chose prend sa place, une autre chose doit céder. Pour ne pas être chassé, il faut chasser soi-même ; la lutte règne, et c'est la force qui triomphe. » Le monde de l'espace et du mouvement, le monde de la pratique, est en effet celui des collisions de toute sorte entre les volontés. Notre liberté est liée à un corps qui ne peut exister sans une place qu'il occupe au sein de l'étendue, sans le pouvoir de changer de lieu, sans le travail, sans la transformation des objets extérieurs pour son usage, sans de perpétuels emprunts à la nature. Alors se développe pour la liberté une série de servitudes, c'est-à-dire de fatalités : à une première une seconde vient se joindre, et on peut dire que la chaîne est sans fin. Les conflits éclatent entre une liberté physique et une autre : un homme veut une chose, un autre la veut aussi ; leurs mouvements et leurs actions extérieurs se font obstacle, quoique la volonté intérieure du premier n'empêche pas la volonté intérieure du second. Cet accord des volontés à vouloir un objet qui ne peut appartenir qu'à une seule est le principe même de la discorde : « Quelle merveilleuse harmonie, disait ironiquement Sforza, entre mon cousin Charles VIII et moi ! nous voulons tous les deux la même chose, — Milan. » Une des principales causes de conflit, ou plutôt la principale, est l'exercice du droit de propriété, qui, ayant pour objet des choses matérielles, donne nécessairement lieu à des collisions de toute sorte. Les effets du droit de propriété, en couvrant le sol de barrières, peuvent gêner les effets du droit de circulation ; la propriété peut aussi, en s'accumulant dans un petit nombre de mains, y concentrer les instruments de travail et gêner chez autrui l'exercice du droit de travailler ; enfin le travail des uns peut aussi faire obstacle au travail des autres. De toutes parts, des rencontres ont lieu entre les libertés extérieures, qui ne peuvent poursuivre leur roule ensemble et qui se trouvent ainsi comme en échec dans le monde matériel. Ce n'est pas sans raison que les anciens considéraient la matière comme le principe de la division et de la guerre, tandis que l'esprit leur semblait le principe de l'harmonie et de la paix. Mais est-il nécessaire, comme Schiller semble le croire, que le dernier triomphe appartienne à la force, ou n'avons-nous pas de sûrs moyens pour tourner peu à peu la force même au service de la justice ?

La collision des libertés individuelles au sein de la société donne lieu à deux problèmes principaux que la science sociale contemporaine doit résoudre : prévenir cette collision, la réparer quand elle s'est produite. Nous aurons donc à rechercher en premier lieu comment, par le système législatif et exécutif, la société peut prévoir les collisions probables entre les individus, résoudre les conflits d'actions en de simples conflits d'opinions, les conflits d'opinions eux-mêmes en une union des libertés, par conséquent l'état de guerre en un état de paix. En second lieu, quand la violence n'a pu être évitée, comment et de quel droit la société peut-elle, par le système judiciaire, en réprimer les auteurs ou en réparer les effets ? En d'autres termes, quel est le vrai fondement scientifique du droit de contrainte en général et du droit de punir en particulier ? Ne pourrons-nous finalement ramener la justice pénale à la justice contractuelle, sans avoir besoin de faire intervenir les principes de responsabilité absolue et d'expiation sur lesquels les écoles théologiques, les universités catholiques et même le spiritualisme traditionnel font reposer la pénalité ?

Section I

Si mon activité extérieure entre en conflit avec la vôtre, c'est que nos activités ne sauraient simultanément se développer sans limites ; il faut donc d'une manière générale, pour éviter les conflits, que la liberté soit limitée dans son exercice : la collision entre les libertés extérieures a pour conséquence nécessaire leur limitation. Cette simple remarque suffit à détruire l'erreur, encore aujourd'hui si répandue, qui admet une liberté *absolue* de propriété, une liberté *absolue* d'aller et de venir, etc. A vrai dire, si le droit moral peut être considéré comme absolu en. son principe intime, il est toujours relatif dans ses applications et dans son exercice : aucun droit sur les choses, aucun droit « réel » ne peut être illimité. Mais la liberté humaine, ainsi forcée de se limiter au dehors, doit cependant abandonner d'elle-même le moins possible. La liberté, en effet, est dans l'organisme social ce qu'est la force vive dans un être vivant ou dans un mécanisme quelconque ; elle doit subir, par le frottement et l'action mutuelle des divers rouages ou organes, la moindre perte qu'il est possible. Voilà le principe général dont nous partons et qui, selon nous, doit dominer le droit appliqué et la politique. Passons maintenant aux conséquences et, au lieu de nous en tenir à un certain nombre de vérités de sens commun sans lien scientifique, déduisons de notre principe par une méthode rigoureuse toutes les conséquences qu'il renferme.

Il faut en premier lieu que la liberté, si elle subit nécessairement des limites, reste du moins inviolable dans ces limites mêmes ; en d'autres termes, si la sphère de la liberté extérieure ne peut être infinie, du moins la liberté doit-elle être entièrement maîtresse dans cette sphère. Par exemple l'écrivain est maître de ce qu'il écrit ; il est souverain de sa pensée et de l'expression qu'il donne à sa pensée. En second lieu, la sphère de la liberté extérieure doit être laissée aussi large qu'il est possible. Par exemple, un écrivain doit pouvoir publier tout ce qui n'est pas une atteinte aux droits d'autrui. En troisième lieu, la limite doit être la même pour tous. Il ne faut pas par exemple qu'une opinion qui plaît au pouvoir soit libre de s'exprimer, tandis que les autres ne le pourraient point. De même il ne faut pas qu'un certain culte soit permis et les autres défendus [1]. Il ne faut pas non plus que les partisans de la religion dominante puissent seuls contracter mariage, les autres n'ayant même pas le bénéfice du mariage civil [2].

Tels sont les caractères que doit offrir la limite du droit appliqué, considérée en soi ; mais nous pouvons la perfectionner encore et la rapprocher de la liberté idéale. On ne l'a pas assez remarqué, pour que cette limite nécessaire soit la moindre altération possible de la liberté, il faut qu'elle soit l'œuvre de la liberté même ; il faut, toutes les fois que faire se peut, qu'elle soit librement acceptée et voulue. En effet, si c'est volontairement que je m'arrête, dans l'exercice extérieur de mes droits, à une certaine limite, fin de mon domaine et commencement du vôtre, ma liberté demeurera libre même dans l'acte par lequel elle s'imposera une borne. Il y aura en ce cas la moindre altération et la plus grande somme possible de liberté, ce qui, selon nous, constitue le droit. Les écoles catholiques définissent le droit « la conformité à l'ordre divin [3] ; » nous le définirions plus volontiers la conformité à l'ordre humain, à l'ordre des libertés.

Nous posons donc le problème de la science sociale, dans ses applications à la jurisprudence et à la politique, sous la forme suivante : Comment faire que les limites, mêmes de la liberté soient l'œuvre de la liberté ? Quelle voie doivent suivre les volontés humaines dans le milieu extérieur, c'est-à-dire dans la nature et la société, pour s'altérer et se diminuer le moins possible tout en se restreignant elles-mêmes ? — Nous donnons ainsi à cette importante question une forme scientifique, analogue au problème suivant de la mécanique : Quelle voie suivra un mobile qui, traversant un milieu résistant, ne doit abandonner de sa force et de sa vitesse que la quantité nécessaire pour contre-balancer les obstacles ?

Ce minimum de limitation que, la liberté doit s'imposer dans la vie sociale est d'une détermination extrêmement difficile, à cause de la complexité des rapports sociaux ; il est même impossible d'arriver ici à une exactitude absolue et scientifique. D'autre part, si une limite n'est pas fixée bien ou mal, la collision sera perpétuelle entre les différents individus dans l'exercice extérieur de leurs droits. Comment donc remédier dans la pratique à cette difficulté de la théorie, afin d'éviter le plus possible les collisions et les conflits ? — Souvenons-nous d'abord que l'économie politique nous offre un problème analogue dans la question si difficile de la valeur. Existe-t-il une règle absolue et infaillible pour déterminer la valeur des choses et par cela même le prix exact qu'elles devraient coûter ? Non ; le rapport précis d'une marchandise avec le travail qu'elle a exigé, avec les services qu'elle peut rendre, avec le besoin qu'on en a, avec la quantité d'autres marchandises du même genre qui est demandée et avec la quantité qui est offerte, est une résultante des plus complexes, qui varie même à chaque instant parce qu'à chaque instant il y a production nouvelle et consommation, comme à tout moment la température varie, bien que la variation puisse être insensible pour nos thermomètres. Quelle est la conclusion que les économistes en tirent ? C'est que les individus, tout en s'efforçant de trouver la vraie valeur des objets, doivent suppléer à l'infaillibilité qui leur manque par un libre débat et par un libre accord. Le conflit de l'offre et de la demande aboutit à un véritable contrat d'échange, et l'accord des libertés fournit ainsi une solution de justice pratique, sinon d'absolue exactitude scientifique. En un mot, les volontés créent ou fixent la valeur par leur accord. — De même, nous ne pouvons, en jurisprudence ou en politique, déterminer avec une rigueur parfaite le minimum de limitation que les libertés devraient actuellement s'imposer à elles-mêmes pour s'exercer chacune en sa véritable sphère ; mais la première et la meilleure solution d'un problème qui concerne la limite commune des libertés, c'est l'accord des libertés mêmes sur ce point. La borne à trouver appartenant à deux domaines distincts, c'est aux deux intéressés à la fixer. Si plusieurs libertés qui se rencontrent et qui, dans leur exercice extérieur, aboutiraient à une collision, fixent ainsi en commun leurs sphères d'action mutuelles, et si elles respectent ensuite volontairement la borne volontairement acceptée, nous aurons trouvé ce que nous cherchions tout à l'heure : la moindre altération possible des libertés et le moindre écart du droit idéal. On a comparé les libertés humaines aux dieux d'Homère qui, descendus dans la mêlée, se reconnaissent pour des immortels ; elles se disent l'une à l'autre : — Nous ne pouvons-nous anéantir mutuellement, mais nous pouvons blesser nos organes ; au lieu d'une lutte brutale, acceptons le pacte de l'égalité. Mais il ne faut pas attendre le moment même de la collision et par conséquent de la passion pour fixer la limite cherchée. Il est conforme à la nature d'êtres raisonnables, dans toutes les associations qu'ils forment entre eux, de prévoir les cas où leurs libertés peuvent se faire échec et de déterminer à l'avance la limitation que chacune devra s'imposer : c'est cette règle qui, quand elle est généralisée et appliquée à tous les membres de l'association, constitue la loi. L'ordre civil ou politique qui règne lorsque les lois sont universellement respectées nous apparaît ainsi comme un système de contraintes intérieures que chacun exerce sur soi-même en vue d'autrui, sous la condition de la réciprocité : chacun, en effet, par respect du droit des autres, se contient, s'abstient, et pour ainsi dire se contraint volontairement. La loi est une nécessité acceptée et voulue par la liberté même. De cette façon encore, on a la moindre perte possible de liberté et de force vive ; à vrai dire même, il n'y a pas perte, il y a simple échange ; bien plus, cet échange de services finit par constituer un profit pour tous.

Si l'exercice extérieur des libertés se conformait toujours aux règles de justice contractuelle établies, c'est-à-dire aux lois, l'état de la société serait un état de paix dans lequel aucun droit ne serait violé. Mais en fait l'injustice existe, et ce fait va nécessairement donner lieu à un droit nouveau. La collision que nous aurions voulu éviter partout, et que nous avons réellement évitée sur beaucoup de points, finit cependant par éclater : un individu dépasse la limite de son droit et empiète sur le nôtre, il attaque par exemple notre vie. ou nos biens. Du régime de la paix, nous, passons malgré nous à une première forme de la guerre, et l'insuffisance des voies de liberté, c'est-à-dire des mesures législatives, nous force de faire appel aux voies de contrainte, c'est-à-dire aux mesures exécutives. Mais ici encore la pratique devra s'écarter le moins possible de l'idéal proposé par la science. Cherchons donc par quel moyen nous rapprocherons le plus les voies de contrainte des voies de liberté.

L'individu qui, se faisant agresseur, a préféré le conflit des forces à l'accord des volontés n'a pas voulu exercer sur lui-même la contrainte morale nécessaire pour se maintenir dans son droit et pour respecter le droit d'autrui. Or, là où la contrainte intérieure et morale ne suffit plus, la contrainte extérieure et matérielle devient évidemment nécessaire. En effet, que nous résistions ou ne résistions pas à l'agresseur, l'emploi de la force aura toujours lieu ; seulement il peut être au profit de l'homme juste ou de l'homme injuste ; ne vaut-il pas mieux en ce cas que l'avantage reste au premier, non au second ? De là le droit d'employer la force pour repousser la force lorsqu' éclate un conflit. A la limitation mutuelle des libertés par une contrainte volontaire de chacun sur soi-même succède le refoulement de la liberté usurpatrice dans ses limites par une contrainte extérieure et forcée.

Pour que cette contrainte extérieure, à son tour, soit aussi voisine que possible de la liberté, il faut qu'elle soit encore, non plus directement, mais du moins indirectement, l'œuvre de la liberté même : il faut donc que celle-ci l'accepte d'avance. Par exemple, nous convenons d'avance unanimement que celui qui n'aura pas eu assez d'empire sur soi pour se contraindre lui-même à payer ses dettes y sera contraint par autrui. Par cela même le débiteur qui subit la contrainte l'a d'avance acceptée. On peut même dire qu'il est contraint en son propre nom, que celui qui le force est son mandataire et que cette coercition est l'exécution de sa propre volonté. En un certain sens, c'est encore lui-même qui se contraint par l'intermédiaire d'autrui ; il demeure donc, dans la nécessité même qu'il subit, aussi libre qu'il peut l'être.

Pour que les voies coercitives soient ainsi acceptées librement d'avance, il faut que l'acceptation soit réciproque et que la contrainte soit reconnue mutuelle. Exercée ainsi par tous sur chacun au nom de tous, la contrainte ne sera pas seulement égale pour tous, elle sera encore également réduite pour tous au minimum, au strict nécessaire. Nous arrivons ainsi à concevoir le système exécutif comme un ensemble de contraintes extérieures, réciproques et contractuelles.

Une troisième condition de la contrainte, pour qu'elle soit moins opposée à la liberté et à l'égalité, c'est qu'elle ne vienne pas avant l'action injuste de l'individu, mais après, qu'elle ne soit pas préventive, mais répressive. Les autoritaires objecteront qu'il vaut mieux prévenir que réprimer ; mais ce n'est pas à la force, c'est à la liberté et à l'intelligence qu'il appartient de prévenir le mal et les conflits en leur principe même. La vraie précaution est la prévoyance. Pour nous empêcher de tomber, la nature ne nous a pas mis des entraves, elle nous a donné des yeux. La prévoyance remonte à la source du mal, détermine d'avance les collisions qui peuvent se produire entre les hommes, et les résout d'avance par la voie du consentement mutuel ou par l'accord des libertés. En même temps elle s'adresse aux intelligences : l'instruction est le seul moyen préventif qui favorise la liberté au lieu de la détruire. Quant aux précautions que chacun peut prendre contre l'injustice sans empiéter sur le droit d'autrui, elles sont également légitimes : quoi de plus naturel que de fermer sa maison et d'avoir chez soi des moyens de défense en prévision d'une attaque ? Mais ce sont là des précautions compatibles avec la liberté d'autrui ; la contrainte préventive, au contraire, serait l'usage anticipé de la force ; or, comment aurions-nous le droit de commettre une injustice pour en empêcher une ? La répression préventive a toujours été le masque du despotisme : sous prétexte d'abus, on proscrit l'usage ; pour obvier au mauvais effet d'une liberté, on en supprime les bons résultats ; sous prétexte qu'il est dangereux de tomber, on défend de marcher ; bref, on veut prévenir les collisions de droits et on commence par en produire une en prenant l'offensive. La vraie justice préventive n'est pas celle qui supprime la liberté, c'est celle qui la fortifie et l'éclaire.

D'après ce qui précède, la contrainte n'est juste que sous la forme répressive. Même sous cette forme, nous allons le voir, elle doit encore se limiter et se rapprocher autant que possible de la ligne que suivrait la liberté même, car le droit est à son maximum quand la contrainte est à son minimum.

En premier lieu, les voies de contrainte ne sont justes qu'à l'égard des actions extérieures qui violent un droit positif. Tout acte interne, un projet, un désir, de même que tout acte extérieur de l'homme contre soi, toute action et toute parole contraire à la foi religieuse, négation ou blasphème, ne saurait armer les autres du droit de contrainte [4]. Nous n'avons le droit d'employer la force que pour nous défendre contre l'injustice ou pour en réparer les effets. Telle est la *matière* de ce droit. — Quant à la *forme*, elle doit être aussi dépouillée qu'il est possible des caractères de la violence et aussi en harmonie qu'il est possible avec la liberté. Pour cela, hors le cas de nécessité, c'est-à-dire hors le cas de collision matérielle et présente, par exemple d'attaque violente contre notre personne ou nos biens, le droit de contrainte ne doit pas être exercé directement par l'individu lésé, mais par l'intermédiaire de la société même. Prétendre « se faire justice, » ce serait revenir à l'état de nature, qui est l'état de guerre et par conséquent le conflit perpétuel des forces ; ce serait marcher en un sens opposé à celui de la liberté.

On croit généralement que la renonciation à se faire justice soi-même par un exercice direct et personnel du droit de contrainte constitue le réel abandon d'un droit par l'individu ; certaines écoles politiques ont pris l'habitude d'invoquer cet exemple pour soutenir que les individus abandonnent une partie de leurs droits dans le contrat social. Selon nous, au contraire, l'individu doit conserver dans la société tous ses droits et toute sa liberté personnelle ; ce qu'il abandonne par le pacte social, n'est point, comme on le croit, sa liberté propre, mais la contrainte sur autrui : il ne renonce pas au *droit moral*, mais à l'*action physique* sur les autres, et en retour les autres renoncent à le contraindre lui-même individuellement.

La doctrine que nous soutenons aboutit ainsi à une augmentation et non à une diminution de la liberté. En effet, la contrainte étant à vrai dire l'opposé du droit quoiqu'elle puisse lui servir d'instrument, ce n'est pas le droit et la liberté, c'est la contrainte et la violence qui subissent une perte et un amoindrissement par le contrat social. Renoncer à l'emploi de la violence, c'est substituer, selon nous, l'accord des droits à la collision des forces. Cessons donc de confondre dans cette question les deux contraires, c'est-à-dire la force et la liberté.

Nous irons plus loin. Il n'y a même pas, dans le contrat social, de véritable renonciation sous le rapport de la force. La part de contrainte nécessaire pour défendre la liberté des justes contre les attaques des injustes est simplement mise en commun, généralisée, réglée par des lois, soustraite par cela même à la passion pour être soumise à la raison, en un mot éloignée de la brutalité pour être rapprochée de la liberté. En effet, l'exercice de la force, par l'individu même dont le droit est lésé prend toujours, avec les caractères de la violence matérielle, ceux de la vengeance, qui est en quelque sorte la violence morale. Pour que l'appréciation de l'injustice, qui doit être dégagée des considérations de personnes, le soit en effet et demeure impersonnelle, il faut qu'elle soit confiée à la société entière ou, si cela est impossible, à des membres pris dans son sein et désintéressés. Là-dessus tout le monde sera d'accord. L'arbitre qui doit mettre fin à la collision ou en réparer les suites est alors un troisième terme, un « tiers ; » la question du *moi* et du *toi* disparaît ; il ne reste plus en présence que deux libertés, et il s'agit simplement de savoir si leur rapport extérieur est demeuré conforme aux conditions acceptées par elles dans le contrat social. Pour porter ce jugement, on laisse de côté les personnes et on généralise le rapport : on se demande ce qui arriverait si ce rapport existait entre toutes les libertés et si chacun agissait de même à l'égard des autres. Y aurait-il dans ce cas égalité des libertés et une limitation aussi minime que possible de chacune pour éviter les collisions par un équitable partage ? Si la réponse est favorable, il en résulte, que chacun est resté fidèle aux engagements qu'il avait pris ; quand au contraire un homme empiète sur la liberté des autres, il se met en désaccord avec ses engagements, il contredit la loi qu'il avait lui-même faite pour sa part ; il attaque les autres, et, en attaquant la société dans un de ses membres, il attaque la société entière ; bien plus, il s'attaque lui-même comme membre de cette société et entre en conflit avec soi comme avec autrui. De là dans la société un droit nouveau et d'importance majeure, celui de *pénalité*. Le système pénal, complément des systèmes législatif et exécutif, se présente ainsi à nous comme le moyen-suprême auquel nous devrons avoir recours pour réprimer les conflits que nous n'avons pu prévenir et pour en réparer les suites naturelles.

Ainsi, par une série de déductions logiques, en nous écartant toujours le moins possible de l'idéal, nous avons été amenés graduellement de ; la liberté intérieure et illimitée à la liberté extérieure et limitée par la loi, puis aux voies de contrainte, qui prennent les deux formes de la défense individuelle et de la pénalité sociale. La pénalité, telle est donc en cas de conflit notre dernière ressource, qui, quoique ayant pour moyen la force, n'en doit pas moins avoir toujours pour but la liberté même. Mais ici une nouvelle question se présente : la pénalité, nécessaire au point de vue social, est-elle légitime au point de vue moral ? Quelle en est la véritable justification philosophique ? C'est là un sujet de controverses encore ardentes, et nous allons voir que la solution du problème est toute différente selon la diversité des principes moraux ou sociaux invoqués par les écoles contemporaines.

Section II

Le problème du droit de punir peut recevoir trois solutions principales, l'une spiritualiste, l'autre naturaliste, l'autre que nous appellerons tout à la fois idéaliste et naturaliste. Ici, comme dans les autres questions, le spiritualisme se croit en possession de principes absolus ; — principe absolu du libre arbitre et de la responsabilité morale, principe absolu du bien et du mal, principe absolu de la sanction ; ce sont les trois fondements classiques sur lesquels on fait reposer la légitimité du droit de *punir*, droit qu'on commence par admettre comme incontestable. Selon nous, aucune de ces entités métaphysiques n'est d'accord avec les données de la science. D'abord, où découvrir ce libre arbitre absolu, cette volonté indifférente entre les contraires qui aurait pu faire l'opposé de ce qu'elle a fait ? La psychologie moderne ne peut trouver aucune place dans la conscience à ce pouvoir hypothétique, et c'est le cas de répéter avec Newton : *Hypothèses non fingo*. Autant en faut-il dire de la responsabilité absolue qu'on veut faire reposer sur le libre arbitre. De deux choses l'une : ou bien vous connaissez tous les antécédents, toutes les circonstances, tous les motifs et mobiles, tout le caractère de l'individu, et alors vous avez l'explication adéquate de l'acte, déterminé invinciblement par cet ensemble de causes. Le libre arbitre n'a joué là aucun rôle ; l'invoquer, c'est comme si on prétendait expliquer le battement du pouls, d'abord par le mouvement du sang et la structure des artères, puis par une vertu spirituelle du sang, la force pulsifique, qu'on pourrait même prétendre libre malgré le déterminisme de ses conditions. Quand on a entièrement mis à nu toutes les pièces d'un mécanisme, on n'imagine pas par surcroît une *faculté* capable de lui faire accomplir son travail et sur laquelle on ferait retomber la responsabilité de l'œuvre bien ou mal accomplie. Admettons cependant cette faculté occulte du libre arbitre absolu, supposons qu'après l'analyse de tous les motifs il y ait encore un reste, un résidu, qui s'explique par un libre arbitre capable de réaliser également les contraires. Même alors, en quoi sera responsable cette volonté indéterminée, insondable, capable d'agir contrairement à la direction de tous ses motifs ou mobiles, et qui ne diffère pas de la liberté d'indifférence [5] ? En quoi l'homme aura-t-il à répondre moralement d'une action échappant aux prises de l'intelligence, qui est sortie de lui sans raison ou contre toute raison comme un accident et un coup de hasard, qui n'exprime pas sa *nature* et son *caractère* véritable, qui conséquemment demeure suspendue en l'air sans lien réel avec le *moi* ? La responsabilité ne pourrait tomber que sur l'acte lui-même, qui a seul une nature mauvaise ; mais un acte n'est pas un être ; quant à la liberté indifférente, comme elle n'est en elle-même ni bonne ni mauvaise, on ne peut rien lui imputer. L'acte n'est donc blâmable que s'il répond déjà à une tendance blâmable, qui a préexisté, qui a été réellement dominante et déterminante, qui a été la vraie raison de l'acte. « La responsabilité, dit Schopenhauer, ne se rapporte à l'acte même que médiatement et en apparence : au fond, c'est sur le caractère qu'elle retombe… Les jugements rejaillissent des actes sur la nature morale de leur auteur. Ne dit-on pas en présence d'une action blâmable : Voilà un méchant homme, un scélérat ! ou bien : C'est un coquin ! ou bien : Quelle âme mesquine, hypocrite et vile ! C'est sous cette forme que s'énoncent nos appréciations, et c'est sur le caractère même que portent nos reproches. L'action, avec le motif qui l'a provoquée, n'est considérée que comme un témoignage du caractère de son auteur [6]. Ce n'est pas sur une action passagère, mais sur les qualités durables de son auteur, c'est-à-dire sur le caractère dont l'action émane, que portent la haine, l'aversion et le mépris [7]. » Faut-il tirer de là la conclusion que tirent Schopenhauer et Kant ? Selon ces philosophes, nous sommes responsables de notre caractère même, de notre nature morale et conséquemment physique, parce qu'en dehors du temps, dans la sphère absolue de l'*être*, nous nous sommes donné à nous-mêmes ce caractère. — Kant et Schopenhauer oublient que, si nos actions sont déterminées par notre caractère, notre caractère à son tour n'est pas moins déterminé par notre organisation, qui elle-même vient de la nature du germe et de la nature des circonstances où il s'est développé, de l'hérédité et du milieu ; en un mot, c'est le monde entier qui nous a faits tels que nous sommes, qui a pétri, moulé selon les circonstances notre caractère et nos instincts, comme le sculpteur façonne sa statue. Sculpteur aveugle, qui ne sait ce qu'il fait et fabrique un chef-d'œuvre pour des millions d'ébauches. Schopenhauer lui-même, quand il parle du prétendu *caractère intelligible* que nous nous serions donné à nous-mêmes dans l'éternité, en parle en de tels termes que ses paroles semblent une ironie. « L'homme, dit- il, sent très bien qu'une action toute différente, voire directement opposée à celle qu'il a faite, était parfaitement possible et aurait pu être accomplie, *pourvu toutefois qu'il eût été un autre* : c'est de cela seulement qu'il s'en est fallu ! » La réflexion est plaisante, et pourtant Schopenhauer semble admettre plus loin que nous aurions pu réellement être un autre, que nous aurions pu prendre un autre moi parmi les moi éternellement possibles, comme un costume entre mille dans un vaste magasin de déguisements, avant d'entrer dans la mascarade de la vie. S'il en est ainsi, notre responsabilité se perd dans les nues : elle est tellement absolue, éternelle et *intelligible*, qu'elle est comme si elle n'était pas et comme si elle était de tout point inintelligible. C'est un mythe métaphysique aussi incroyable que celui de *la République*, où nous voyons les âmes, avant de tomber dans les corps, tirer à la loterie leur destinée et leur caractère, dont cependant, ajoute Platon, elles sont responsables, tandis que Dieu est innocent : (grec).

Ainsi ni le libre arbitre indéterminé, ni l'action déterminée qui en est sortie, ni le caractère déterminé qui est la vraie cause de cette action, ne peuvent fonder une responsabilité absolue et métaphysique comme celle qu'imagine le spiritualisme. Nous n'avons donc ni le droit ni le pouvoir de *juger* la moralité ou l'immoralité absolue des autres hommes : un tel jugement se réduit à une illusion d'optique. Nous nous mettons par la pensée à la place de l'accusé et nous nous écrions : « Il aurait pu agir autrement. » Ce qui signifie : « Nous aurions, nous, agi autrement, parce que nous n'avons point le même caractère. » Pareillement, quand il s'agit de nous, nous nous mettons avec nos dispositions présentes à la place de nous-mêmes dans le passé et nous disons encore : « J'aurais pu faire autrement. » — Oui, sans doute, nous l'aurions pu avec nos dispositions actuelles, qui ne sont plus celles d'alors. Nous confondons ainsi les temps ; nous devrions dire : « Je puis désormais faire autrement, je suis désormais *libre* de faire autrement, parce que je suis affranchi de mes passions d'autrefois, de mes entraînements, de mes aveuglements. » Après tout, c'est l'avenir qui importe, c'est dans l'avenir qu'il faut agir mieux que nous n'avons fait ; mais, par une sorte de fantasmagorie intérieure, nous plaçons derrière nous ce qui est devant nous et nous projetons le futur dans le passé.

Nous jugerions plus exactement la conduite d'autrui, si nous nous bornions à dire : « Cet homme aurait *dû* agir autrement, » au lieu de dire : « Il aurait *pu*. » On prétend d'ordinaire, je le sais, que *devoir* implique *pouvoir* ; mais, contrairement à l'opinion reçue, nous pensons qu'il ne l'implique pas toujours. Qu'est-ce que désigne essentiellement le mot devoir ? A notre avis, il exprime en face de la réalité un idéal, en face de ce qui est, fût-il nécessairement, ce qui eût été meilleur en soi, plus beau, plus conforme à la direction normale du monde ou de la société, et même au développement normal de l'individu. Mais l'idéal n'est pas toujours actuellement possible. Il n'en commande pas moins pour l'avenir, alors même qu'il n'a pas été possible pour le passé et qu'il n'est peut-être pas encore possible pour le présent. L'idéalisme, tel que nous l'entendons, peut donc opposer avec raison ce qui se doit à ce qui s'est fait, et même à ce qui *peut* se faire. — A quoi bon ? demandez-vous. — Je réponds que l'idée même de ce qui doit être est déjà la première condition de sa possibilité : il me suffit de concevoir fortement ce qui se doit pour commencer à le rendre possible, parfois même actuel ; avoir l'étincelle et la matière inflammable, c'est déjà avoir la flamme.

Nous appuierons donc notre théorie de la responsabilité sur un principe que nous avons souvent invoqué : l'influence efficace des idées et leur puissance de réalisation par elles-mêmes. Le passé ne pouvant être changé, il serait inutile de s'attarder dans le souvenir de ce qu'on a fait ou dans l'examen de ce qu'ont fait les autres, si cette pensée n'avait pas son utilité pour l'avenir. Se demander comment on aurait dû agir, alors même qu'on n'a pu agir autrement, c'est un moyen d'agir mieux dans la suite. Supposez un visage dont les difformités se corrigeraient par l'idée seule de ces difformités ; ou, si vous aimez mieux, imaginez un miroir qui, en reflétant la laideur, la rectifierait par une sorte de réaction intime ; ce miroir est la conscience : s'y voir laid, c'est s'embellir. Narcisse se penchait sur l'eau pour s'admirer ; quand on se penche sur soi-même pour se critiquer, le sentiment du désordre intérieur se tourne peu à peu en puissance de progrès. La responsabilité de soi envers soi-même consiste dans cette conscience de soi et dans cette comparaison possible de ce qu'on est avec ce qu'on devrait être. Il y a en nous pour ainsi dire deux volontés : l'une, la raisonnable, qui tend spontanément vers l'idéal et vers la liberté ; l'autre, l'irraisonnable, qui demeure attachée comme par une force d'inertie aux besoins inférieurs de l'animalité. La seconde répond d'elle-même devant la première, qui la juge. En d'autres termes, nous avons conscience en nous de tendances diversement estimables, les unes supérieures et désintéressées, les autres inférieures et égoïstes, et nous mesurons la valeur des unes par les autres. Ainsi l'aveugle apprécie la misère d'être dans la nuit dès que ses yeux se sont ouverts à la lumière, ainsi le savant mesure son ignorance dès qu'il a acquis la science : le remords, cette forme de la responsabilité envers soi, est, selon nous, un contraste violent et douloureux entre la réalité et l'idéal.

Tel est, pour une doctrine à la fois idéaliste et naturaliste, le fondement moral de la responsabilité. Nous plaçons ce fondement dans une liberté tout idéale, non dans une liberté déjà actuelle comme le libre arbitre des spiritualistes. Cette liberté est à nos yeux une fin, non une cause proprement dite. C'est là le principe par lequel nous justifions, au point de vue philosophique, le droit de légitime défense individuelle et le droit de répression, sociale. L'idéal, que chacun de nous peut réaliser, fonde notre droit : si les autres nous attaquent dans notre mouvement vers cet idéal, nous nous attribuons à juste titre un droit de défense et de répression, d'autant plus que l'idéal est commun à eux et à nous en vertu même de notre identité de nature ; nous l'élevons donc au-dessus de nous et des autres comme une fin acceptée en commun par des êtres raisonnables. En un mot, la légitimité morale de la peine se déduit, selon nous, de la liberté idéale conçue comme principe du droit, et la légitimité sociale se conclut de la commune acceptation de cet idéal par le contrat.

Les spiritualistes objecteront que la pénalité sociale est incompatible avec le déterminisme intérieur de nos actes. « Vous frappez dans un homme, dit un éminent critique de la doctrine naturaliste, M. Caro, un ensemble de hasards et de coïncidences empiriques dont il est absolument innocent. Vous l'avouez vous-mêmes, et pourtant vous frappez ! Quelle inconséquence et quelle dureté ! » — Mais, pourront répondre les déterministes, c'est précisément vous, partisans de la responsabilité absolue, qui prétendez *frapper* et punir au sens propre du mot ; nous, nous ne voulons que nous *défendre*. La vraie question est de savoir si le déterminisme des actes supprime le droit de défense. Y a-t-il donc inconséquence ou dureté à mettre un homme dans l'impossibilité de nuire aux autres, quand même son penchant à nuire serait un effet fatal de sa nature ? Il y a dureté au contraire à ne pas se contenter de la défense sociale et à s'ériger en juge des responsabilités morales. La fatalité des penchants fût-elle (ce qui est faux d'ailleurs) aussi complète chez l'homme que chez l'animal, nous ne perdrions pas pour cela le droit de nous défendre. Ne frappez-vous pas un animal furieux ou rusé qui vous attaque, bien que sa colère ou sa perfidie soient un *ensemble de coïncidences empiriques* dont il est innocent ? — « Quel est le juge, demande-t-on encore, qui oserait condamner l'instrument fatal d'un crime ? » — Mais poussons les choses à l'extrême : si les poignards et les fusils avaient une intelligence ou une sensibilité, s'il suffisait de les châtier pour développer en eux la force de résister aux brigands qui veulent s'en servir, il serait bon de les condamner et de les châtier. — « Le juge se sentirait impuissant et désarmé le jour où il verrait paraître à sa barre non une volonté libre, responsable du mal qu'elle a fait, parce qu'elle savait que c'était le mal et qu'elle était libre de ne pas le faire, mais un tempérament asservi à des passions irrésistibles, un cerveau surexcité, un bras poussé au crime par une réaction cérébrale trop forte. Dans une pareille hypothèse, la plus légère condamnation serait un abominable abus de pouvoir [8]. » Il nous semble au contraire que la défense sociale serait ici plus légitime et plus nécessaire que jamais : même dans cette hypothèse excessive, s'il s'établissait un dialogue entre l'accusé et le juge, le juge ne manquerait point de réponses. — L'assassinat que j'ai commis, dira l'accusé, vient de mon tempérament et non d'une volonté libre. —C'est une preuve, répondra le juge, que la société doit se mettre en garde contre votre tempérament comme on se met en garde contre une substance explosible. — Je ne me suis pas donné à moi-même ce tempérament. — Aussi ne prétendons-nous point vous attribuer un démérite absolu ; nous ne vous jugeons pas moralement, nous ne vous accusons pas, nous apprécions votre caractère au point de vue de la société dont vous faites partie, au point de vue du pacte social et de vos propres engagements. Pour n'être pas cause de votre difformité et de votre laideur, qui vous éloigne du type idéal de notre espèce et vous rapproche de la brute, vous n'en êtes ni moins difforme, ni moins hideux, ni surtout moins dangereux. — Mais je suis à plaindre. — Aussi nous vous plaignons, mais nous plaignons encore plus votre victime, qui, étant d'une nature supérieure à la vôtre, est morte, tandis que vous vivez. — C'est une nécessité inévitable qui m'attache à mon intérêt. — La même nécessité que vous invoquez nous attache à celui de la société entière et au nôtre, avec cette différence que notre intérêt est conforme à la perfection idéale de l'espèce humaine, le vôtre, non. — Ma nature est « asservie à des passions irrésistibles, » mon cerveau est « surexcité, » mon bras est « poussé au crime par une réaction cérébrale trop forte. » — Si votre cerveau et votre bras sont atteints d'une telle maladie, vous ne pouvez qu'ajouter des sévices nouveaux aux anciens. Raison de plus pour nous mettre et vous mettre en garde contre vous-même : nous vous emprisonnerons donc d'abord et nous essaierons ensuite de vous guérir. C'est précisément parce que vous n'êtes pas libre, mais esclave, que nous vous traitons en esclave et que nous vous enfermons. Si vous possédiez un « libre arbitre » assez absolu pour que le crime, commis par accident, ne fît point de vous un criminel par nature, nous pourrions vous laisser libre au dehors comme au dedans ; mais nous avons à nous défendre contre la fatalité à laquelle vous vous dites vous-même asservi. — Si vous aviez été à ma place, vous eussiez agi comme moi. — Assurément, si j'avais eu votre nature et si je m'étais trouvé dans les mêmes circonstances, si j'avais été vous-même en un mot, j'aurais agi comme vous ; mais d'autre part, si vous étiez actuellement à ma place, vous agiriez vous-même comme je vais agir ; trouvez donc bon que, sans colère comme sans faiblesse, avec regret, avec pitié, je vous écarte de cette société où vos infirmités intellectuelles vous rendent incapable de vivre ; en agissant ainsi, je ne ferai qu'exécuter les lois acceptées par vous : c'est en votre propre nom que je vous réprime.

D'après ce qui précède, il est exagéré de soutenir que toutes les écoles qui admettent le déterminisme de nos actes, et notamment l'école naturaliste, détruisent le fondement de la pénalité légale. Le naturalisme a seulement eu tort, en cette question, de trop réduire le crime à la folie ou à l'ignorance, le droit social de réprimer au droit de guérir ou d'instruire. « Qu'est-ce que le droit de punir ? a-t-on dit à ce point de vue ; c'est le droit et le devoir qu'a la collectivité de chercher à redresser la raison de l'individu dont le cerveau est malade, ou à éclairer celui de l'individu sain d'esprit pour lequel n'a pas lui l'idée du droit... Quelle plus terrible force d'intimidation que de dire à un homme : Si tu prévariques, sais-tu à quoi tu t'exposes ? A aller à la maison des fous. Pour celui qui, au lieu d'être un fou, est un ignorant, la prison doit devenir école, et c'est à un moraliste qu'il faut le confier. » C'est là confondre le complément de la pénalité, c'est-à-dire le devoir d'améliorer le coupable, avec le fondement même de la pénalité ; on néglige trop le droit de défense, on assimile trop la prison, soit à une maison de fous, soit à une maison d'école. Les sermons paternels et les leçons de morale ont besoin d'être corroborés par de solides verrous. En outre, est-il vrai scientifiquement que tout crime soit folie ou ignorance ? Que certains crimes soient des monomanies, c'est chose incontestable ; mais l'homme qui vole pour sortir de la misère est-il un fou ? le caissier qui s'enfuit avec la caisse est-il fou ? et le faux-monnayeur, et celui qui pratique la fraude en grand ou la contrebande ? Ce n'est pas là non plus pure ignorance, car il y a souvent dans les crimes et délits une preuve d'adresse, de réflexion, de science mal employée. Ce sont plutôt des industries antisociales. Quant aux crimes commis par vengeance, par amour, par une passion quelconque, ils ne sont pas non plus de véritables folies physiologiques ni une ignorance pure et simple. Il faut donc ajouter, selon nous, à la folie et à l'ignorance, comme causes du crime, les industries antisociales et les penchants antisociaux, dont on ne peut évidemment laisser les effets se développer en liberté. M. Cesare Lombroso, dans son savant ouvrage sur l'*Uomo delinquente*, a parfaitement démontré que le criminel de nature, par sa constitution cérébrale, se rapproche du sauvage plutôt que du fou : il y a chez lui rétrogradation du type humain civilisé vers le type humain primitif et même vers le type animal : ses actions sanguinaires sont souvent des cas d'atavisme qui font reparaître sous l'homme d'aujourd'hui le sauvage ou la bête [9]. C'est là une difformité mentale qui, naturelle ou acquise, ne rend pas le criminel moins impropre à la vie en société que le fou furieux [10]. Le vrai tort de l'école exclusivement naturaliste, à nos yeux, n'est donc pas dans son déterminisme, qui est commun à toutes les écoles dont l'esprit est scientifique. Ce que nous lui reprocherions plutôt, c'est que, dans la question présente comme dans toutes les autres, elle se contente trop de la réalité, elle admet trop aisément que comprendre les choses, les expliquer par le déterminisme de leurs conditions, c'est au fond les justifier et les absoudre moralement, sinon socialement. Elle voit trop l'impuissance réelle de l'homme qui dans le passé n'a pu agir autrement qu'il n'a fait ; elle ne voit pas toujours assez la puissance qu'il a d'agir autrement à l'avenir sous l'attrait de l'idée. En un mot, le sentiment de l'idéal et de son influence directrice sur les actions humaines lui fait défaut. Il faut compléter ici le naturalisme par l'idéalisme ; il faut réprimer le malfaiteur au nom du droit idéal que sa pensée conçoit alors même que sa volonté est encore impuissante à le réaliser.

Section III

Nous n'avons pas eu besoin, pour légitimer la pénalité sociale, de la responsabilité absolue et métaphysique à laquelle le spiritualisme fait appel. Par cela même nous n'avons pas besoin non plus d'un second principe souvent invoqué, le principe d'expiation, qu'on déguise d'ordinaire sous le nom de *sanction morale*. L'expiation est une de ces antiques idées religieuses qui se sont conservées dans nos législations pénales et que la science sociale contemporaine répudie. Le souverain, armé du glaive de justice, était considéré autrefois et est encore considéré par les écoles catholiques comme un représentant de la Divinité sur la terre ; la Divinité, à son tour, n'était que l'image agrandie de la souveraineté terrestre [11]. Dieu, roi absolu, établissait des lois et des peines par sa volonté et pour ainsi dire par son bon plaisir. L'expiation était le moyen de la « vengeance divine. » Un texte ambigu, comme il n'en manque pas dans saint Paul, n'a pas peu contribué à consacrer cette théorie : « Ce n'est pas en vain que le prince porte l'épée, car il est le ministre de Dieu pour exécuter sa vengeance en punissant celui qui fait de mauvaises actions [12]. » Ceux qui s'appuient sur ce texte aboutissent à définir le droit social de punir une « délégation divine du droit de punir le mal [13]. » Les religions et les philosophies ont eu beau épurer de plus en plus l'idée d'expiation, ou plus généralement de *punition*, il suffit d'en montrer les origines et le développement pour reconnaître qu'elle n'est que le déguisement d'une notion des moins morales, celle de vengeance. Rendre le mal pour le mal, sans se proposer d'atteindre par le mal un bien plus grand, c'est là essentiellement ce qui constitue la vengeance. L'instinct de la vengeance a d'abord régné chez l'homme, comme chez les animaux, sous sa forme la plus brutale ; puis il s'est régularisé en devenant la loi du talion, qui, au lieu de rendre le mal au centuple, suit une règle d'égalité et imite ainsi extérieurement la justice. Œil pour œil, dent pour dent, c'est une soute d'échange et de compensation. Une illusion d'optique vous fait croire que votre œil vous est rendu parce que vous avez privé votre ennemi du sien : il avait joui de votre douleur, vous jouissez de la sienne ; la balance est rétablie ou semble l'être. On peut lire dans *l'Éthique* de Spinosa l'explication de ce mécanisme d'images et de passions par lequel la vengeance est heureuse du mal d'autrui comme l'envie souffre du bien d'autrui. Plus tard, l'élément intellectuel mêlé à la passion s'est dégagé de mieux en mieux : on a compris que la proportionnalité établie par le talion était illusoire, tout extérieure, toute matérielle ; il n'y a pas dans le talion équivalence réelle entre le traitement subi par la victime et le traitement infligé à l'agresseur, car deux personnes diverses par leur situation, par leur caractère, par leur sensibilité, ne sauraient se substituer l'une à l'autre comme des unités mathématiques, On a conçu alors la pensée de proportionner la peine non-seulement à la souffrance de la victime, mais encore à la malignité de l'agresseur : de là la prétention de sonder les cœurs et les reins, d'apprécier les intentions du coupable pour y proportionner la peine, en un mot d'exercer la justice distributive [14]. On s'efforce ainsi de résoudre ce problème mathématique : trouver une quantité de souffrance qui soit égale à la quantité de malignité. Mais pourquoi cette égalité entre la souffrance et la malignité ? Encore une fois, est-ce afin de rendre exactement le mal pour le mal ? — Non, répondent les partisans du droit de punir, c'est pour réaliser « l'ordre, » pour donner satisfaction au « principe de l'ordre. » — Autant dire qu'il s'agit là de réaliser une symétrie, au moins apparente, qui donne à l'intelligence un semblant de satisfaction ; c'est un talion intellectuel, comme en pourrait imaginer un logicien ou un géomètre. Par malheur, il n'y a point de commune mesure entre la perversité morale qu'on attribue au libre arbitre du coupable et la souffrance sensible.. De plus, quand il y aurait une commune mesure, à quoi servirait le mal sensible que vous voulez ajouter, en quantité égale, à ce que vous nommez le mal moral ? En quoi y a-t-il plus d'ordre dans le monde parce que vous ajoutez un second mal au premier ? Ne voyez-vous pas que vous revenez toujours à ce singulier remède qui constitue la vengeance : crever un second œil sans guérir le premier ? Votre morale est dominée par des idées de régularité toute matérielle et tout apparente. Aurez-vous réellement perfectionné l'architecture morale de l'univers parce que vous y aurez introduit de fausses fenêtres ?

Pour échapper à ces objections, les partisans de l'expiation sont obligés de la faire reposer non plus sur un principe d'ordre intellectuel, mais sur une loi selon eux morale qu'ils appellent « le principe du mérite et du démérite, » de la « sanction morale. » La tradition religieuse et la tradition spiritualiste se sont accordées à maintenir dans l'enseignement classique cette prétendue « vérité nécessaire et absolue » que le bien moral mérite une récompense et le mal moral une *punition*, que le bon doit être heureux et le méchant *malheureux.*

Des moralistes éminents, comme l'auteur de la *Philosophie du droit pénal*, M. Ad. Franck, tout en rejetant les théories qui fondent le droit de punir sur l'expiation, n'en admettent pas-moins l'idée de sanction morale et divine ; ils y voient en définitive la dernière raison de la légitimité des peines humaines. A nos yeux, sanction morale et expiation se confondent. En effet, l'interprétation la plus plausible de l'idée de sanction morale, c'est une certaine convenance entre la beauté morale et la joie, entre la laideur morale et la douleur. Or, selon nous, ce prétendu axiome n'est vrai que dans sa première moitié. « Le bon doit être heureux, » dit-on ; je l'accorde, car tous les êtres doivent être heureux ; le malheur n'est désirable pour personne, encore moins pour les bons que pour tout autre. Puisque les bons sont ceux qui se conforment aux vraies lois et à la vraie direction de la nature, ils ont plus de droit que tout autre à être en harmonie avec le reste de la nature et à jouir de cette harmonie. Mais on ajoute, comme si la réciproque était évidente : « L'être mauvais doit être malheureux. » Voilà ce qui nous semble contestable. L'idéal est au contraire qu'il n'y ait finalement dans le monde *aucun* être malheureux, aucun être voué à d'irrémédiables souffrances. La douleur et le malheur ne peuvent pas être une fin, pas même quand il s'agit d'en faire le lot des volontés égarées ; c'est un simple moyen, qui ne vaut que par le bien qui en peut résulter. Ce serait une vraie immoralité que de dire : « La laideur morale doit souffrir pour souffrir ; » non, elle ne doit souffrir que si cette souffrance, toute provisoire, est nécessaire soit pour défendre le bonheur des autres, soit pour préparer son propre bonheur. Quelle est donc la seule idée vraie contenue dans le principe de convenance entre le mal et le malheur ? C'est que l'être imparfait, laid, hideux par l'effet d'un désordre de sa conscience, doit avoir conscience de ce désordre même *pour pouvoir y mettre fin.* Or, pour cela, on pense que la souffrance est parfois un moyen. Toute souffrance, en effet, est la conscience d'un trouble de nos fonctions vitales ou intellectuelles, et elle entraîne une réaction de l'être contre son mal intérieur, un effort libérateur vers le mieux. En désirant que le coupable sente sa propre imperfection, c'est donc son bien que nous désirons. Mais la seule souffrance qui soit une conscience salutaire du mal, c'est le regret du mal. Ce regret, en effet, n'est que la conscience même de la laideur morale, et il engendre le désir de la beauté morale. Or le caractère essentiel de cette conscience, c'est la spontanéité ; le propre de ce désir, c'est de ne pouvoir être infusé du dehors et de jaillir du fond même de l'être. Le vrai regret du mal est volontaire En même temps il est la seule peine vraiment morale, parce qu'il est au fond une guérison. Il est donc clair qu'ici le malade seul peut être son médecin à lui-même. Les autres peuvent bien éclairer son intelligence et l'instruire, mais c'est là une œuvre d'humanité qui ne saurait se confondre avec la justice pénale proprement dite.

En l'absence de la peine intérieure, de la souffrance volontaire et acceptée, qui dépend du coupable seul, on a conçu la possibilité de la provoquer par une souffrance extérieure et forcée, qui en a paru comme le succédané ou la préparation. Mais ici est le point délicat. Sans doute la souffrance venue du dehors donne parfois à l'homme pervers la conscience de son désaccord avec les autres consciences, avec tout le reste de la société. Il a fait une action injuste en vue d'un bien matériel, il est d'abord juste que ce bien lui soit retiré, que le mal ne réussisse pas même matériellement. De plus, la peine légale, quand elle est appliquée selon les règles d'une stricte justice, peut servir à provoquer en lui le regret de l'*insociabilité*, de la laideur et de la discorde morale. La peine du déshonneur, infligée par l'opinion publique, agit à son tour dans le même sens. Mais cet effet d'amélioration morale ou de correction est malheureusement rare : si la souffrance peut amender, elle peut aussi irriter ; si elle peut pacifier, elle peut aussi par réaction accroître l'état de guerre et le désir de la lutte. Enfin l'amélioration du coupable n'est qu'un des résultats possibles (et exceptionnels) de la pénalité, elle n'en est pas le but.

Supposez maintenant que telle ou telle peine extérieure soit en fait impuissante à produire la conscience intérieure du mal, et qu'elle soit de plus inutile pour la défense des autres, je dis que cette peine deviendra une pure cruauté. Néanmoins les religions et les philosophies qui admettent, chez Dieu ou chez les hommes, le droit de punir proprement dit, conséquence du prétendu principe d'expiation, conservent ce genre de peines absolument inutiles et pour le coupable et pour les autres êtres, comme une prétendue *satisfaction* donnée au bien ou à Dieu. En réalité, rien de plus immoral que la conception de ce mal pur, absolu, surérogatoire, dont ne résulte aucun bien. Dieu même n'aurait pas le droit d'infliger un tel mal. En effet, de deux choses l'une : ou le mal moral est un mal par lui-même, et alors il est inutile d'y ajouter une peine extérieure non motivée par une légitime défense ; ou le mal moral n'est pas un mal par lui-même, mais seulement par la pure volonté de Dieu, *sit pro ratione voluntas*, et alors la peine extérieure ne serait qu'un nouvel acte de despotisme ajouté à une loi déjà despotique.

Beaucoup de philosophes et de jurisconsultes qui se disent « libres penseurs » et se croient délivrés du préjugé théologique, le conservent pourtant sans s'en apercevoir sous ce nom du droit de *punir*. Qu'est-ce, encore une fois, qu'une peine qui, par hypothèse, ne se ramènerait ni à un moyen de défense et de répression sociale, ni à un moyen d'amendement final pour l'être pervers ? Qu'on y réfléchisse, ce ne serait autre chose qu'un enfer plus ou moins passager, et ne différant de l'autre que par la durée ; car ce qui constitue essentiellement l'enfer, c'est la peine sans profit, le mal rendu pour le mal et non en vue d'un bien. Certaine métaphysique n'est donc au fond qu'une théologie plus ou moins réduite en abstractions, mais identique d'esprit à la théologie païenne et à la théologie chrétienne. Voltaire lui-même, qui se croyait bien éloigné des religions, en admettant son « Dieu rémunérateur et vengeur, » admettait en réalité l'article fondamental de toute religion. Un philosophe autrement profond, Kant, a gâté par la même conception toute sa philosophie. Sa théorie du droit de punir s'en ressent ; il la fonde non sur l'utilité de la peine pour le coupable ou pour les autres, mais sur une prétendue justice absolue dont l'expression pratique la plus exacte lui paraît le talion. La pénalité légale n'est à ses yeux qu'un talion légal. De là sa doctrine implacable sur la peine de mort : « L'égalité entre la punition et le crime, exigée par le droit strict du talion, n'est possible ici qu'au moyen d'une sentence de mort. » On sait jusqu'à quelle conséquence Kant a poussé sa théorie : « Si la société civile, dit-il, se dissolvait du consentement de tous ses membres ; si, par exemple, un peuple habitant une île se décidait à se séparer et à se disperser dans un autre monde, le dernier meurtrier qui se trouverait en prison devrait d'abord être exécuté, afin que chacun portât la peine de sa conduite et que le sang versé ne retombât point sur le peuple qui n'aurait pas réclamé publiquement cette punition [15]. » Arrivé à ce point, le fanatisme moral de Kant, analogue au fanatisme religieux et au culte de Joseph de Maistre pour le bourreau, se réfute lui-même par l'absurde.

Comme notre métaphysique traditionnelle, notre jurisprudence traditionnelle est encore, avec ses notions de *vindicte sociale*, de supplices légaux et d'expiations, tout imbue des idées grossières du moyen âge, où l'on imitait le jugement divin par la prétention de juger absolument les consciences, l'éternité de l'enfer par l'irréparable peine de mort, la variété des tourments infernaux par la variété des supplices légaux, les raffinements de la vengeance céleste par les chevalets, les roues, les carcans, le fer, les tenailles, les haches, les bûchers. La science sociale contemporaine a déjà rejeté l'idée barbare des supplices matériels ; elle ne tardera pas à rejeter l'idée non moins barbare au fond des supplices moraux et, en général, des peines expiatoires. La justice distributive, — rémunératrice du *bien* ou vengeresse du *mal*, — fera place, ici comme ailleurs, à la justice purement commutative et contractuelle, qui n'a d'autre but que de rétablir entre les personnes les véritables relations de droit.

Section IV

Quel est donc le réel fondement de la pénalité sociale ? — C'est uniquement et exclusivement, selon nous, le droit de réparation, qui consiste à *remettre les choses en l'état* et à rétablir la justice entre les personnes. Ce droit entraîne comme conséquence une série d'autres droits. En premier lieu, il faut rétablir dans son domaine normal la liberté de celui qui est attaqué ; de là le droit de *défense*. En second lieu, il faut rétablir dans ses limites normales la liberté de celui qui attaque ; de là le droit de *répression*, qui consiste à refouler la volonté usurpatrice et à la comprimer autant qu'il est nécessaire pour la mettre hors d'état de nuire. Ce droit s'exerce pour l'avenir comme pour le présent, et devient droit d'*intimidation*. Un enfant qu'un autre attaque et qui lui donne une leçon à coups de poing ne veut pas seulement agir en vue du moment présent, mais inspirer pour l'avenir une crainte salutaire à l'agresseur, et aussi à quiconque prétendrait l'imiter [16]. Enfin le droit de réparation entraîne celui de *compensation* ou de réparation civile, qui consiste à compenser le dommage par un avantage toutes les fois que la chose est possible, à restituer ce qui a été enlevé injustement, en un mot, à réparer tous les effets matériels de l'injustice. Le mot de *peine* signifia primitivement compensation, indemnité matérielle. La justice pénale se réduit, sous le rapport matériel, à la justice commutative. Je vous ai fait un tort, vous ne pouvez demander qu'une réparation, une compensation, c'est-à-dire encore une restitution, c'est-à-dire encore un échange égal. Dans une nation démocratique, tout tend à prendre la forme d'une compensation de dommages ou d'un échange de services sous la loi de l'égalité. — Si maintenant à tous les droits qui précèdent (défense, répression, intimidation, compensation) on ajoute le devoir d'essayer l'*amélioration* du coupable, c'est-à-dire d'aider le rétablissement de sa liberté intérieure, qui permettra de lui rendre sa liberté extérieure dès qu'elle aura cessé d'être un danger public, on aura épuisé tous les droits ou devoirs de l'individu lésé et des autres membres de l'association envers l'associé infidèle au contrat commun. Par conséquent, on aura épuisé ce que comporte la justice. Tout surcroît de souffrance ajouté à ce qui dérive expressément de ces différent droits, lesquels se réduisent dans le fonda un seul, celui de réparation, est une violation de la justice et de la fraternité tout ensemble.

Nous pouvons maintenant, après avoir posé ces principes généraux, répondre aux objections de détail qu'a rencontrées notre doctrine. Un critique plein de bienveillance, M. Caro, nous a adressé autrefois ici même, et plus récemment dans ses *Problèmes de morale sociale*, des objections auxquelles l'importance des problèmes nous oblige de répondre, a Le droit de défense, dit M. Caro, par sa définition même, s'exerce et s'épuise dans l'acte de se défendre contre l'attaque hostile et ne survit pas au danger… Ce droit, c'est toujours la guerre et la guerre cesse contre un ennemi désarmé. Le droit de défense, réduit à lui-même, n'existe pour la société aussi bien que pour l'individu qu'aussi longtemps que l'individu ou la société ont à se défendre. » — Assurément, répondrons-nous, la défense ne doit pas qu'il faut appliquer le levier. survivre au danger ; mais le danger qui provient d'une volonté criminelle ne finit pas avec son crime. Il n'en serait ainsi que dans le cas où le crime serait l'œuvre accidentelle d'un libre arbitre absolu et indéterminé, au lieu d'être le résultat de ce déterminisme intérieur qu'on nomme le caractère, qui agit selon des lois générales et non par décisions imprévues. L'assassin qui a tué un homme pour le voler n'a pas voulu tuer tel individu particulier, mais un membre quelconque de la société, pourvu qu'il fût riche et plus ou moins désarmé ; il a donc au fond attaqué la société entière, comme un soldat dans la bataille attaque le bataillon qui se trouve devant lui, non tel individu plutôt que tel autre. La première attaque de l'assassin, par sa nature même, constitue donc une menace générale ; ou plutôt il y a là une attaque permanente, une déclaration de guerre qui subsiste après le premier combat, une rupture définitive du contrat social. De là, pour la société, le droit de prolonger la répression jusqu'au moment où il est vraisemblable qu'elle aura mis fin à la tendance agressive par une suffisante intimidation.

La même considération de défense sociale nous paraît suffire pour répondre à une seconde objection de M. Caro : « Sans doute l'individu qui se défend épuise son droit dans l'acte qui consiste à se mettre à l'abri des attaques ; il n'a pas à juger l'état de conscience de l'agresseur. La société qui le représente a le même droit, mais de plus, incontestablement, elle a le devoir et par conséquent le droit tout nouveau de graduer la peine qu'elle applique... Cette mesure peut-elle se prendre autrement qu'en discernant les intentions, en jugeant l'état des consciences, en descendant au fond de l'âme du coupable, ce que l'on déclare vainement un acte d'usurpation sur la justice absolue [12] ? » Il faut faire ici, répondrons-nous, une distinction essentielle, dont nous montrerons ensuite l'importance pratique pour la réforme de nos lois pénales. Selon nous, le juge ne peut et ne doit apprécier ni la responsabilité *morale* ni la perversité *morale* ; mais il peut et doit apprécier la responsabilité sociale et la perversité sociale : c'est à celles-ci et non à celles-là qu'il doit proportionner les peines. La responsabilité sociale est toute relative et n'a rien de mystique : il s'agit simplement de déterminer jusqu'à quel point l'accusé a eu conscience de violer le contrat social, jusqu'à quel point il a agi avec connaissance de cause contre la société et le droit d'autrui. Quand donc on se demande : « L'accusé a-t-il commis *librement* cet acte ? » c'est pratiquement une question équivalente à celle-ci : « L'accusé a-t-il été *déterminé* à cet acte par un déterminisme de motifs ou de mobiles antisociaux et antijuridiques dont il avait conscience, et qui, survivant nécessairement à l'acte particulier où s'est exprimé son caractère, constituent, avec une menace perpétuelle, une perpétuelle responsabilité en face de la société ? » Un torrent toujours prêt à déborder est un point d'application mécanique qui réclame une digue ; il est, si l'on veut, responsable devant le mécanicien, qui emploiera à son égard les moyens appropriés ; de même la volonté antisociale est un point d'application pour les moyens intellectuels et sensibles capables d'exercer sur elle une influence compressive. Mais il faut tout d'abord établir en fait l'existence de cette *volonté*, de cette détermination à nuire ; c'est là la première tâche du juge, et c'est uniquement sous ce rapport qu'il apprécie et mesure ce qu'on nomme la « liberté » de l'accusé et ce qu'on pourrait tout aussi bien appeler les « nécessités » de son caractère. Ce n'est pas tout. Outre la volonté de l'homme malfaisant, il faut aussi apprécier la valeur des motifs ou mobiles qui l'ont déterminée ; mais ici encore il s'agit simplement d'une valeur sociale, c'est-à-dire d'un danger plus ou moins grand pour la société. Or nous savons que la société est tout à la fois un *organisme* et un *contrat* [18] ; ces deux points de vue, dont nous avons essayé naguère de montrer la conciliation, sont ceux auxquels il faut ici se placer. Il est clair que l'homme dont les motifs ou mobiles sont les plus antisociaux sous ces deux rapports est aussi l'homme le plus dangereux : d'où la nécessité pour le juge d'apprécier le degré de force des tendances antisociales, afin de mesurer exactement la défense à la menace, qui est au fond une attaque. La doctrine que nous exposons ne tombe donc nullement sous l'objection qui lui a été adressée par M. Caro : « Si on la développait, nous dit-il, dans ses dernières conséquences, on arriverait à d'étranges résultats... Ce serait la gravité de l'acte *matériel* et du dommage causé qui deviendrait l'étalon unique de la peine et le principe de la rétribution sociale. Or il n'est pas douteux qu'on puisse causer un grand dommage sans être un grand criminel, tandis que des volontés perverses, paralysées par certains obstacles, ne produisent parfois qu'un mal insignifiant. Ce serait la justice renversée.» A coup sûr, répondrons-nous ; mais notre doctrine aboutit précisément à l'inverse de ce qu'on lui reproche : elle ne juge pas la gravité de l'acte simplement d'après l'effet matériel ; elle juge l'acte d'après les tendances antisociales qui l'ont produit ; puisqu'il s'agit pour la société de se défendre contre une volonté qui la menace, il est clair que la société doit apprécier l'hostilité intérieure de cette volonté à son égard et non pas seulement ses actes extérieurs.

A ceux qui veulent aller plus loin et tenter une appréciation morale des consciences, nous ferons à notre tour deux objections. En premier lieu, cette appréciation est impossible, parce qu'une foule de données nous manquent pour résoudre le problème. En second lieu, si vous voulez cependant l'essayer, faites-la alors complète, tenez compte de toutes les influences, de toutes les responsabilités concourantes et concomitantes, de toutes les solidarités. Mais alors il faudra accuser aussi le milieu, la famille du criminel, qui ne lui a probablement donné ni une éducation assez parfaite ni des exemples de vertu assez irrésistibles, la commune où il a vécu et où il n'a sans doute trouvé ni assez d'aide ni assez de protection, la nation dont il fait partie et qui se préoccupe encore si peu de l'instruction du peuple, des moyens de secourir les travailleurs, des lois propres à prévenir le crime en prévenant la misère. Aux réquisitoires impitoyables des avocats généraux il serait facile d'opposer un second réquisitoire et de démontrer que, dans tout cas d'homicide ou de vol, la société entière est coupable et moralement responsable. Un poète comme M. Victor Hugo soutiendra cette thèse non-seulement avec éloquence, mais encore avec vérité. Un savant comme le statisticien Quételet nous dira à son tour, les chiffres en main : — Prisons et bagnes se remplissent, année par année, avec une régularité et une exactitude désolantes, du même nombre de ces victimes disgraciées que la statistique nous dit être *les instruments qui exécutent les délits préparés par la société.* — Toute responsabilité morale d'un individu entraîne aussi la solidarité morale des autres individus. Puisqu'on veut que la justice humaine imite la justice divine, n'aurions-nous pas tous à craindre, si un juge infaillible et omnipotent apparaissait soudain au milieu de nous, d'être condamnés, pour nos négligences, notre oubli des misères sociales et notre insouciance de leurs remèdes, à prendre chacun une part plus ou moins grande des peines décrétées contre le coupable ? A vrai dire, son crime n'a fait que révéler aux yeux, parmi les hommes, un état de guerre latent auquel tous contribuent, comme le choc de la foudre révèle l'orage amassé dans les nues.

Section V

Nous attachons une telle importance à la théorie qui remplace le droit mystique de punir par le droit scientifique de défense sociale, que nous la croyons seule capable d'apporter quelque lumière dans les questions aujourd'hui les plus controversées et de guider la législation dans les réformes devenues nécessaires. On s'accorde à reconnaître non-seulement en France, mais en Allemagne et en Angleterre, que le système pénal actuel a de graves défauts. L'introduction des circonstances atténuantes, qui fut en son temps un progrès capital, a entraîné peu à peu des conséquences fâcheuses : grâce aux circonstances atténuantes, les lois sont à chaque instant éludées par ceux qui les appliquent, parce que ces derniers sentent la fréquente absurdité des lois mêmes ; s'il s'agit d'un duel, d'un infanticide, d'un meurtre commis par un mari sur sa femme, par une femme sur son mari, par une jeune fille sur son amant, tout l'édifice artificiel du code est ébranlé ou renversé par les jurys. Les catégories factices et les classifications arbitraires, qui se ramènent à la distinction trop simple et trop absolue de la « préméditation » et de la « non-préméditation, » de » l'assassinat » et de « l'homicide simple, » sont comme un réseau mal fait dont les mailles laissent tout échapper. La science sociale doit ici introduire ses notions positives, si l'on ne veut pas que les lois soient sans cesse démenties dans l'application, que les jurés prennent l'habitude de déclarer ce qui n'est pas afin d'éviter des conséquences pénales qui leur répugnent, que des délits particuliers trop sévèrement punis par les lois générales acquièrent ainsi une impunité de fait, en un mot que l'apparente rigueur des principes se traduise dans la réalité par l'arbitraire des jugements.

Un juriste de premier ordre, M. de Holtzendorf, a mis le mal en pleine lumière, mais il a proposé un remède qui semble un retour à la théorie des appréciations morales et des punitions morales. Examinons les, faits qu'il invoque et les conclusions qu'il en tire. D'abord, pour comprendre le défaut de nos législations, il suffit de consulter avec M. de Baltzendorf la statistique des jugements en matière pénale : on verra qu'il existe un désaccord complet entre les lois et les jurés, et cela dans les accusations les plus graves. De quelle circonstance la loi fait-elle dépendre le degré le plus élevé du crime ? De la « préméditation. » Les jurés au contraire, pour condamner ou absoudre, s'occupent moins de la préméditation que de la nature des mobiles qui ont poussé l'accusé. — Voilà le fait, qui est certain ; quant à l'interprétation que M. de Hohzendorf en donne, elle est selon nous inexacte. A l'en croire, les jurés se laisseraient avec raison guider par des considérations purement *morales*, qu'ils substituent à la stricte légalité. Selon nous, au contraire, les jurés obéissent avec plus, ou moins de conscience à des considérations sociales, et s'ils y mêlent des questions de moralité, c'est parce que les problèmes de droit et les problèmes de morale ont nécessairement des points de contact. Pourquoi, par exemple, malgré les lois les plus formelles, est-il impossible d'obtenir en France une seule condamnation pour duel ? Légalement, le duel est un meurtre avec préméditation, conséquemment un « assassinat ; » mais le bon sens des jurés comprend l'absurdité d'une telle classification et, pour éluder la loi, prononce des verdicts négatifs. C'est qu'il voit clairement que le motif du duel, c'est-à-dire l'honneur, n'est pas un motif antisocial, et qu'un homme qui risque loyalement sa vie à armes égales, quoique blâmable au point de vue de la morale rationnelle, est cependant loin d'être un ennemi de la société. Pour l'infanticide, même prémédité, sur deux cent-six accusations, on ne relève que cent vingt-sept condamnations, et pas une seule condamnation à mort. C'est que, là encore, les jurés ne sauraient assimiler à l'assassinat un meurtre dont un sentiment de pudeur ou d'honneur est souvent le mobile, et qui est souvent aussi une sorte de protestation indirecte contre des lois sans protection pour la femme trompée et délaissée [19]. Dans l'année prise pour exemple par M. de Holtzendorf, cinq maris accusés d'*assassinat* sur les amans de leurs femmes sont absous ; sur cinq maris accusés d'*homicide simple* un seul est condamné. On sait à quels excès et à quels abus le parti-pris des jurés les entraîne en cette circonstance : c'est qu'ils ne voient pas dans ce genre de meurtre une menace pour la société et qu'ils s'imaginent au contraire affermir l'ordre social par la sévérité à l'égard de l'adultère. Il est vrai qu'ils se montrent parfois aussi indulgents pour l'adultère du mari que sévères pour celui de la femme ; mais il faut accuser ici, d'abord un certain égoïsme et l'esprit de corps des *maris*, puis les préjugés ou les lois mêmes qui consacrent en ce cas l'inégalité des deux sexes et l'asservissement de l'un à l'autre. Pourtant, la réaction commence à se produire. Onze cas d'assassinats de maris par leurs femmes donnent, dans la même année, six absolutions et pas une seule condamnation à mort. Deux jeunes filles sont accusées d'avoir assassiné leurs amans avec préméditation, toutes deux sont acquittées. Si nous voulions suivre jusqu'au bout la statistique, nous reconnaîtrions qu'une foule de lois sont ainsi considérées comme non avenues par les jurés, ce qui indique l'urgence d'une réforme. « Si de nos jours, dit avec raison M. de Holtzendorf, la protection due à la vie humaine est le premier des intérêts de droit, il est bien permis de s'étonner que la législation laisse obstinément subsister la contradiction flagrante entre l'esprit du jury et la vieille distinction psychologique de *l'homicide* et de *l'assassinat*. On devrait penser à établir l'harmonie entre la législation pénale et le sentiment populaire du droit, qui a dans le jury son expression avouée. »

Selon M. de Holtzendorf, ce qui fait la gravité des délits, d'après le sentiment populaire, c'est le caractère *bas* des motifs. Sur quarante-cinq accusés dont le mobile fut la *cupidité*, sept seulement sont acquittés, sept condamnés à mort et exécutés. Sur sept domestiques accusés d'avoir tué leurs maîtres par *trahison*, il n'y a pas un seul cas d'acquittement. M. de Holtzendorf en conclut que la race germanique eut raison, dans ses anciennes législations, d'établir une distinction entre les mobiles, les uns « bas et déshonorants », les autres plus honorables, d'y appliquer des peines de différentes espèces et d'introduire ainsi le sentiment moral dans l'appréciation du droit. Selon nous, M. de Holtzendorf s'engage ici dans une voie fausse. Examinons s'il est vrai que la cupidité soit considérée comme un motif de gravité exceptionnelle, et quelle en est la raison. Certains critiques de M. de Holtzendorf, tels que M. Renouvier, ont voulu nier le fait, mais le fait est réel. — La cupidité, objecte M. Renouvier, n'est pas un délit : comment donc deviendrait-elle aggravation du délit ? comment ce qui n'est pas punissable serait-il puni en sus du crime où il se joint et auquel appartient déjà sa peine ? — Si nous ne nous trompons, ni M. de Holtzendorf ni son critique ne se sont placés au vrai centre de perspective. La cupidité n'est assurément pas un crime en elle-même, mais l'assassinat commis par cupidité constitue l'acte antisocial par excellence, la déclaration de guerre la plus formelle à la société et la rupture la plus définitive du contrat social. En effet, la société repose sur le respect de la vie des personnes et de la propriété personnelle ; or l'assassinat pour cause de cupidité est à la fois un attentat contre les personnes et contre les biens. De plus, comme nous l'avons déjà remarqué plus haut, ce n'est pas là un crime particulier ou accidentel commis sur une personne particulière et dans des circonstances qui ne se renouvelleront plus ; il suppose une intention persistante et une résolution générale de ne plus considérer la vie ni les biens des personnes, quelles qu'elles soient, comme leur appartenant. C'est donc une déclaration de guerre qui s'adresse à vous comme à moi, comme à tous. Est-il étonnant qu'un juré, qui se trouve ainsi lui-même en cause, ne veuille pas assimiler un assassin de profession à un duelliste, ou à un mari outragé, ou à une jeune fille furieuse contre son séducteur, ou à une femme comme Véra Zassoulich qui s'arroge le droit de faire justice dans le silence de la loi. Nous n'avons pas besoin de faire ici appel à des considérations sur la moralité absolue, la responsabilité absolue, la conscience intime de l'assassin ; il est même probable que, si l'on voulait entrer dans cette voie, on trouverait mille circonstances qui atténueraient la responsabilité *morale* des assassins de profession : mauvaise éducation, mauvais exemples, ignorance, misère, etc. Le jury n'entre pas dans cette voie et ne fait pas de casuistique, sinon pour *atténuer* l'effet de sa sentence, comme le faisait le préteur romain en vue de l'équité ; le fond de son appréciation est avant tout social ; le jury est ici utilitaire, et il a raison. De même, pourquoi le jury s'accorde-t-il avec la loi pour regarder la préméditation, dans la *généralité* des cas, comme une circonstance aggravante, et pourquoi s'écarte-t-il cependant de la loi, dans une minorité de cas, pour négliger cette circonstance ? C'est que la préméditation indique une volonté qui s'est déterminée après réflexion et dont la détermination sera conséquemment durable : le meurtre non prémédité peut être accidentel et isolé, le meurtre prémédité contient en puissance une série de meurtres. L'assassinat est donc généralement antisocial à un plus haut degré que l'homicide simple. Ce n'est pourtant pas une raison pour enfermer toujours, comme on le fait, la question de vie ou de mort dans ce dilemme grossier : Y a-t-il préméditation ou non préméditation ? Voilà pourquoi le jury échappe souvent, nous l'avons vu, aux deux cornes du dilemme légal.

La classification, des meurtres et des peines que M. de Hokzendorf conseille de substituer à la distinction de l'assassinat et de l'homicide simple, ainsi qu'au système des circonstances atténuantes, nous paraît vague et fautive parce qu'elle n'est pas faite d'après le critérium véritable, c'est-à-dire le critérium social [20]. Nous rejetterons de même le critérium proposé par M. Renouvier : « la responsabilité de l'accusé, » « l'imputabilité fondée sur le libre arbitre. » Ce n'est ni aux mobiles *moraux* du légiste allemand, ni à la *responsabilité morale* du philosophe français que nous demanderons la vraie règle de la législation pénale. A notre avis, il y a ici deux éléments à prendre en considération, tous les deux purement sociaux ; 1° Le degré plus ou moins dangereux pour la société de l'acte considéré en lui-même (assassinat, vol, fraude, etc.) ; 2° le degré plus ou moins dangereux pour la société de la volonté qui a produit l'acte (volonté de tuer pour voler, de tromper dans les contrats de vente et d'achat, etc.) Ces deux éléments de la criminalité répondent aux deux points de vue, déjà signalés plus haut, de l'organisme social et du contrat social ; leur réunion dans la théorie de la pénalité forme le caractère distinctif de la doctrine que nous proposons. En premier lieu, d'après cette doctrine, pour apprécier le caractère plus ou moins malfaisant des actes en eux-mêmes, le jurisconsulte devra rechercher leurs effets sur la vie et l'organisme de la société, comme un médecin physiologiste recherche l'effet d'une maladie ou d'un poison sur les corps vivants. Il est des crimes qui ne tendent à rien moins qu'à détruire le lien organique de la société, comme l'assassinat ; il en est d'autres qui ne font que le relâcher, comme la fraude. C'est en suivant les effets des actions perturbatrices à travers tous les organes sociaux, leurs conséquences politiques, économiques, juridiques, leur influence sur les différentes unités sociales (individu, famille, associations privées, état), qu'on pourra espérer d'atteindre une classification des délits de plus en plus naturelle et scientifique. Mais ce point de vue objectif et en quelque sorte matériel ne saurait suffire à lui seul. Nous savons que, si la société est un organisme, elle est essentiellement un organisme qui a conscience de lui-même, qui se fait et se crée lui-même par le concours des volontés. Les volontés sont donc les éléments primordiaux et comme les cellules composantes de ce grand corps. Dès lors il devient nécessaire au criminaliste d'apprécier le caractère plus ou moins malfaisant de tel état des volontés, leur tendance plus ou moins grande à dissoudre le lien psychologique et moral de la société humaine, je veux dire le contrat. La volonté la plus dangereuse est évidemment celle qui tend à méconnaître le plus grand nombre d'obligations explicites ou implicites, à rompre le plus grand nombre de contrats généraux ou particuliers, à méconnaître le plus d'articles dans le traité de paix entre les hommes. On pourrait dire que la volonté la plus parjure et la plus anticontractuelle est aussi la plus antisociale. Que l'on compare à ce point de vue l'assassin de profession, le voleur, le commerçant qui fraude, le diffamateur, etc., il ne sera pas difficile de les classer comme on classerait des animaux malfaisants, tigre, loup, renard, taupe, etc., par ordre de *malfaisance*. On reconnaîtra aussi qu'il est des crimes particulièrement destructifs du contrat social, parce qu'ils méconnaissent non-seulement les conventions générales de toute société, mais encore les obligations particulières et les contrats tacites ou formels les plus essentiels à la sociabilité humaine : le parricide par exemple, qui entraîne la mort non d'un homme en général, mais d'un père ou d'une mère, et qui suppose éteints tous les sentiments générateurs de la société même.

Dans la pratique, dans les jugements particuliers des tribunaux, l'appréciation des volontés sous le rapport de leurs tendances antisociales suppose un double examen. Il faut se demander d'abord si l'accusé a agi volontairement, c'est-à-dire avec la conscience de ce qu'il faisait, s'il a eu par conséquent l'intention de rompre le pacte social, intention qui constitue seule l'imputabilité relative, la *responsabilité* relative et toute sociale sur laquelle peuvent se prononcer les pairs de l'accusé. Il est clair qu'un idiot ou un fou, qui ne sait ce qu'il fait, n'a pas une responsabilité égale à celle d'un malfaiteur conscient : il n'a pas la *volonté* de rompre le pacte social, et on ne se défend contre lui que comme contre un animal dangereux, non contre un *homme* dangereux. Il ne s'agit pas de décider si, métaphysiquement, l'un comme l'autre ne sont pas soumis à un déterminisme ; dans l'un des cas, chez l'homme conscient, ce déterminisme est modifiable par les raisons et par les sentiments de crainte, d'honneur, de sociabilité, etc. ; dans l'autre, chez l'être inconscient, ce déterminisme est une organisation détraquée sur laquelle les raisons et les sentiments normaux n'ont plus de prise : elle relève du médecin et non du juge. C'est pour résoudre cette première question qu'on demande d'abord aux jurés : l'accusé a-t-il commis ou voulu commettre tel acte contraire aux clauses de l'association commune ? — Mais cette question ne suffit pas pour apprécier, au point de vue social, la volonté de l'accusé ; il faut encore rechercher les motifs et mobiles qui ont agi sur cette volonté, les forces composantes dont l'action illégale a été la résultante ; il faut apprécier à quel point la volonté nuisible est en désaccord de tendances avec les autres volontés dont l'ensemble forme l'état. C'est à cette question que se ramène ou devrait se ramener celle qu'on adresse en second lieu aux jurés : Y a-t-il des circonstances aggravantes ou des circonstances atténuantes ? — Nous ne saurions accorder à M. de Holtzendorf la suppression qu'il réclame des circonstances atténuantes ou aggravantes, car ces circonstances ne sont autres au fond que des mobiles plus ou moins incompatibles avec l'association humaine et dont il faut bien mesurer la valeur antisociale. Sans doute la question est le plus souvent mal posée par les tribunaux ; les motifs antisociaux étant presque toujours en même temps les motifs immoraux par excellence, la question dégénère trop souvent en appréciation de la moralité absolue. Les jurés, les juges et les accusateurs ne devraient jamais oublier que leur seule tâche est d'assurer les conventions et contrats formels ou implicites qui existent entre les citoyens, et que le for intérieur ne leur est pas ouvert, sinon dans la mesure où la question de moralité se confond avec celle de sociabilité.

Tel est, selon nous, l'esprit qui doit diriger soit le législateur, lorsqu'il classe les crimes selon leur influence plus ou moins nuisible sur l'organisme social, soit le juge, lorsqu'il apprécie les actes et les mobiles des volontés d'après leur opposition plus ou moins grande avec le contrat social. En dehors de ces théories scientifiques, les législations et les tribunaux risquent de s'égarer, et la nécessité d'y introduire les données exactes de la science sociale éclate à la fin dans la pratique même par le conflit des lois et des mœurs, des législateurs et des juges.

En résumé, c'est pour changer les collisions en union qu'on institue les lois publiques et la force publique, la législation par voie de libre consentement et l'exécution de la loi par voie de contrainte. Réduire ainsi les conflits d'action à des conflits d'opinions et les conflits d'opinions à un accord unanime des volontés, voilà la méthode que, dans la pratique comme dans la théorie, se propose la science sociale contemporaine. La contrainte ne nous a paru que la dernière ressource et le moyen extrême pour résoudre les collisions ; loin d'être l'essence du droit, comme l'ont cru quelques philosophes, elle en est la limite, elle en est l'obstacle ; mais l'institution de la justice pénale doit tourner les obstacles mêmes au profit du droit et changer la force, ennemie de la liberté, en auxiliaire de la liberté. Il faut, en organisant la contrainte pénale, pouvoir invoquer la liberté de tous, y compris la liberté même de celui qui subit la contrainte. On y arrive par la pénalité contractuelle, dont nous avons vu le véritable fondement. En entrant dans la société, par une sorte de pacte tacite, je me suis engagé à obéir aux lois que moi-même, en tant que citoyen, je contribue à établir. Si je romps le pacte, on me réprime et on m'impose une compensation ; en cela rien d'injuste, parce qu'il n'y a rien là en définitive de contraire à ma volonté. J'ai voulu vivre en société ; pour cela j'ai voulu les lois sociales : lorsque ces lois me contraignent, c'est moi qui me contrains par elles, c'est ma volonté antérieure qui réprime ma volonté présente, c'est moi qui, en tant que législateur, me défends contre moi-même en tant que violateur de la loi. Il n'y a rien là que je n'aie accepté, par conséquent rien de contraire à ma *dignité* d'homme, rien aussi qui puisse exciter mon *indignation*. En vain Kant prétend que personne ne peut consentir d'avance à être puni. Je me révolterais sans doute contre toute « punition » et toute « expiation » imposée par autrui, empiétement d'une conscience sur une autre ; mais je ne puis me révolter contre la réparation promise d'avance par moi-même et à laquelle j'ai donné d'avance un consentement implicite [21]. Ainsi

Section V

s'ajoute au droit individuel de légitime défense, qui est encore une forme de la guerre, le droit commun de répression, qui est déjà une convention pacifique : la contrainte même prend les dehors ou, mieux encore, l'intime esprit de la liberté.

C'était peut-être une pensée de ce genre qui traversa l'esprit de Jean-Jacques Rousseau lorsque, en visitant les prisons de Gênes, il admira cette inscription écrite sur la porte d'entrée et gravée jusqu'sur les fers des détenus : *Libertas*. — La justice répressive en effet, telle que nous l'avons décrite, n'est plus que la défense de la liberté, sans mélange ni de vengeance ni d'expiation mystique, et sous les formes de la justice contractuelle. Mais pour qu'une société ait le droit de justifier ainsi la force coercitive et d'inscrire jusqu'sur les murs des prisons le nom de la liberté, il faut qu'avant de recourir à la justice répressive pour réparer les collisions, elle ait fait tout ce qu'elle pouvait faire pour les prévenir par l'instruction universelle, qui est la vraie forme légitime de la justice préventive. Plus la science fait de progrès, plus elle reconnaît que le criminel est souvent un insensé, souvent un ignorant. Plus il y aura d'écoles, moins il y aura de prisons, et c'est sur la porte des écoles, bien plus que sur celle des prisons, qu'il faudrait inscrire la devise du droit : *Libertas*.

Notes

1.   Cette inégalité est la pure doctrine des théologiens ; si la doctrine n'est pas appliquée dans toute sa rigueur, M. Lucien Bran, dans son cours à la faculté catholique de Lyon, et M. Charles Périn, professeur à l'université catholique de Louvain, correspondant de l'Institut, nous préviennent que c'est simplement parce que l'église n'a pas le pouvoir en main. Les livres de MM. Brun et Périn sont curieux à consulter comme spécimen de la façon dont les universités catholiques entendent l'égalité, « Nous sommes, dit M. Périn avec regret, réduits, par la crainte d'un plus grand mal, à transiger avec des cultes qui ne représentent que la vérité diminuée, comme les confessions protestantes, ou qui procèdent de l'erreur obstinée, comme le culte judaïque. » — « Nous ne pouvons pas, dit M. Brun, avec le même regret, être en pratique plus exigeants que

l'église, et nous devons bien être de notre temps, que nous n'avons pas choisi. Mais il faut maintenir hautement et sans défaillance les principes à leur hauteur. » Introduction à l'étude du droit, p. 286.

2.   « La sécularisation du mariage est historiquement fille de la Réforme ; vous venez de voir quelles lâchetés et quelles infamies ont préparé son avènement ; vous prévoyez ce qui devait le suivre. » A notre époque, « le mariage n'est plus qu'un contrat civil, dont le maire est le témoin nécessaire. Il n'y a pas de mariage sans la déclaration de l'officier de l'état civil ; il y a mariage dès que cette déclaration est faite ! » Lucien Brun, ibid., pages 125 et 121.

3.   Introduction à l'étude du droit, p. 51.

4.   Ici encore nous ne saurions admettre la doctrine de M. Charles Périn, selon lequel la négation de Dieu doit être punie par la loi civile : « On a cru pouvoir pousser la transaction (de l'église avec ses adversaires) Jusqu'à placer sous la protection de la loi la négation même de Dieu ; comme s'il pouvait y avoir un lien d'unité sociale entre les hommes qui ne trouvent plus en Dieu l'unité de leur lien ! Une pareille tolérance n'est plus une transaction, c'est une abdication du droit social et du devoir social dans leur essence. » (Voir M. Brun, Introduction à l'étude du droit, page 286.)

5.   Nous avons essayé ici même de démontrer l'identité du libre arbitre et de la liberté d'indifférence. Nous n'insisterons donc pas sur cette question. Voir aussi l'idée moderne du droit, livre III, et la Liberté et le Déterminisme, 1re partie.

6.   Déjà Aristote avait dit : « Les actes sont le signe de la disposition intérieure, à tel point que nous louerions même celui qui n'a pas encore agi si nous avions confiance qu'il est disposé à le faire. » (Rhétorique, I, 9.)

7.   Traité du libre arbitre. Voir la traduction excellente qu'en a donnée M. Salomon Reinach, p. 186, Paris ; Germer-Baillière.

8.   M. E. Caro, Problèmes de morale sociale, p. 235.

9.   Cette opinion a été confirmée encore récemment par la communication du docteur Bordier à la Société d'anthropologie sur les résultats de l'étude qu'il a faite des trente-cinq crânes d'assassins exposés au Trocadéro par le musée de Caen. Ces crânes ont un volume considérable, ce qui constituerait un signe de supériorité, mais la région frontale, siège des facultés intellectuelles, est moindre

que chez les autres hommes ; au contraire, la région pariétale, siège des centres moteurs, est plus développée. Moins de réflexion et plus d'action, telles seraient les dispositions intellectuelles assignées à ces assassins. Par là ils se rapprochent des hommes préhistoriques et même protohistoriques, des sauvages de l'âge de pierre, qui avaient surtout besoin de facultés d'action et même d'action instantanée.

10.   Voir aussi sur ce sujet, dans l'excellent livre de M. P. Siciliani sur les Questions contemporaines, le chapitre intitulé : Uomo delinquente, gius criminale e psico-fisiologia, p. 202 et suiv.

11.   Voir M. Lucien Brun, Introduction à l'étude du droit, p. 254, 259.

12.   Épître aux Romains, ch. XIII, V. 4.

13.   Voir M. Lucien Brun, Ibid. , p. 254

14.   Cette prétention a été réfutée d'une manière décisive par M. Ad. Franck, dans son beau livre sur la Philosophie du droit pénal, pages 101 et suiv.

15.   Doctrine du droit, trad. Barni, p. 201.

16.   Victor Cousin objecte que, si l'on châtie le criminel à la seule fin d'obtenir un effet utile à la société et pour détourner du crime, on obtiendra le même effet en châtiant l'innocent ; « car la peine, en frappant l'innocent, produirait autant et plus de terreur et serait tout aussi préventive. » Cette phrase échappée à l'éloquence de Victor Cousin revient à dire, comme on l'a remarqué : « Nous voulons effrayer les coupables, frappons les innocents. » Pour prévenir le crime, c'est évidemment le crime qu'il faut condamner, non son contraire. Si l'on veut soulever un obstacle avec un levier, par exemple une pierre, ce n'est pas à côté de l'obstacle, mais à l'obstacle même

17.   Problèmes de morale sociale, p. 270.

18.   Voir la Revue du 15 juillet.

19.   Ce sont là, à notre avis, les vraies circonstances atténuantes de l'infanticide. Nous ne saurions d'ailleurs admettre sur ce point l'excuse barbare de certains juristes, adoptée par Kant. « L'enfant né hors du mariage, dit Kant, est né hors de la loi (car la loi, c'est le mariage) et par conséquent aussi hors de la protection de la

loi. Il s'est pour ainsi dire glissé dans la république (comme une marchandise prohibée), de telle sorte que celle-ci peut ignorer son existence (puisque légitimement il n'aurait pas du exister de cette manière) et par conséquent aussi sa destruction » (Doctrine du droit, p. 206). Cette nouvelle forme de péché originel, transportée dans la loi par Kant lui-même, est un échantillon des sophismes souvent odieux dont les commentaires de nos codes sont encore remplis, et que nos lois mêmes consacrent souvent. Il est incroyable qu'un philosophe ait pu s'approprier cette casuistique de juristes.

20.   M. de Holtzendorf résume pratiquement son système en quatre articles de loi qui ont du bon : 1° quiconque donne volontairement la mort à un homme est coupable d'assassinat, et sera puni de dix à quinze ans de détention ; 2° quiconque, dans un intérêt de lucre, ou pour se procurer un avantage injuste, ou pour éviter d'être découvert, ou pour échapper à l'arrestation, donne volontairement la mort à un homme, sera puni des travaux forcés à perpétuité. Dans les cas les moins graves, la peine sera la détention pour un temps, qui ne pourra être moindre de douze ans ; 3° quiconque donne volontairement la mort à un homme dont il a reçu un outrage grave sera puni par la détention ou par la prison, pour un temps qui ne pourra être moindre de trois ans ; 4° quiconque, étant provoqué à la colère sans qu'il y ait de sa faute et poussé à agir immédiatement sous l'impulsion de cette passion, tue volontairement un homme dont il a reçu un outrage grave, — lui ou ses parents, ou une personne affidée, — est coupable de meurtre, et sera puni de la prison et de l'internement pour un temps qui ne pourra pas être moindre de trois mois. » — On remarquera que l'auteur introduit sous une forme subreptice la considération des circonstances aggravantes et la distinction du prémédité et du non-prémédité, qu'il avait écartée de sa théorie.

21.   On a fort bien dit : « D'après la loi athénienne, chaque coupable devait lui-même proposer la peine qu'il jugeait proportionnée à sa faute. C'est là la sanction idéale dont la société réelle ira se rapprochant de plus en plus. La sanction n'existe que là où la coupable l'accepte, bien plus la veut, la fixe et l'exerce lui-même. Je ne puis être puni, dans toute la force de ce mot, que si c'est moi qui me punis. » Guyau, la Morale anglaise contemporaine, p. 356.

ISBN : 978-1984210630